EXPLICATION DÉTAILLÉE
DE LA
BANQUE DU PEUPLE

PAR

Vor CHIPRON ET RAGINEL.

TROISIÈME ÉDITION.

Prix : 10 centimes l'Exemplaire.

Les Citoyens qui veulent acheter en gros pour donner et faire de la propagande. Prix : 5 fr. le 100.

PARIS,

AU BUREAU DE LA PROPAGANDE DÉMOCRATIQUE ET SOCIALE,
RUE DES BONS-ENFANTS, 1 ;
CHEZ RAGINEL, RUE DE CLÉRY, 84 ET 74 ;
Et chez tous les Libraires et les Marchands de Journaux de Paris,
des Départements et de l'Étranger.

1849

BANQUE DU PEUPLE.

BROCHURE PUBLIÉE PAR LA BANQUE DU PEUPLE,

CONTENANT :

1° La Déclaration du citoyen Proudhon;
2° L'acte de Société;
3° Le rapport fait sur la Banque par la commission des Délégués du Luxembourg;
4° Modèle de l'acte d'adhésion;
5° Modèle du bon de circulation;
6° Instruction pour la formation des comités en province;
7° Mode de souscription pour les départements.

Une feuille grand in-8° à deux colonnes. Prix : 10 centimes pour Paris; 15 centimes par la poste. Se vend au bureau du journal LE PEUPLE, rue Coq-Héron, n° 3, et à la BANQUE DU PEUPLE, Faubourg Saint-Denis, 25.

LE PEUPLE,

JOURNAL DE LA RÉPUBLIQUE DÉMOCRATIQUE ET SOCIALE.

Bureaux, à Paris, rue Coq-Héron, 3.

La partie économique et politique de la rédaction du journal est confiée au citoyen P. J. PROUDHON, Représentant du Peuple.

CONDITIONS DE L'ABONNEMENT

A L'ÉDITION QUOTIDIENNE,

Avec supplément de quatre pages le lundi.

Paris et Banlieue.	Départt.		Édition hebdomadaire FORMAT DOUBLE.	
Un an..... 24 fr.	36 fr.	Paris : {	Un an.............	6 fr.
			Six mois........	3
Six mois... 12	18	Départements : {	Un an...	8
Trois mois. 6	9		Six mois.	4

Toute demande doit être adressée franco, accompagnée d'un mandat sur la poste, au nom du citoyen VASBENTER, administrateur.

Les libraires, les Messageries générales et nationales se chargent également de faire les abonnements.

PRÉAMBULE.

La Banque du Peuple a pour but d'établir le crédit réciproque et gratuit entre les producteurs, sans l'intermédiaire des capitalistes, et de détruire successivement toutes les surcharges et usures qui entravent la libre création, le libre échange et la libre consommation des produits, en même temps qu'elles enlèvent aux travailleurs la plus forte partie des fruits de leurs efforts.

Pour arriver à ce résultat, la Banque du Peuple se constitue en Société de commerce, en nom collectif et en commandite. Les conditions de cette société sont réglées par un acte passé devant Me Dessaignes, notaire à Paris, le 31 janvier 1849. Le citoyen P.-J. PROUDHON, représentant du peuple, est le directeur-gérant de la Banque du Peuple.

Le capital est de cinq millions de francs.

Les actions sont de cinq francs. Elles peuvent être payées par versements de cinquante centimes.

On peut être ACTIONNAIRE sans être adhérent; on peut être ADHÉRENT sans être actionnaire.

On souscrit comme simple adhérent, sans avoir aucun versement de fonds à faire.

Tous les producteurs, qui sont les ouvriers et les fabricants de tous les articles possibles, et les consommateurs, depuis le rentier jusqu'au travailleur le moins riche, sont intéressés à faire immédiatement acte d'adhésion à la Société, afin que les échanges puissent s'opérer sans se servir de l'or et de l'argent dont on paye l'intérêt.

La Société et les bureaux de la Banque du Peuple sont établis à Paris, rue du Faubourg Saint-Denis, n° 25.

La raison sociale est P.-J. PROUDHON et Ce. Les opérations commenceront aussitôt que 50,000 fr. auront été versés par actions de 5 fr. Les opérations de la Banque s'étendront à mesure que le nombre des adhérents augmentera.

CE QUE C'EST QU'UNE BANQUE ET EN QUOI CONSISTE L'INDUSTRIE DE L'ESCOMPTEUR.

L'effet de commerce est de deux natures : Le billet à ordre et la lettre de change.

Le billet à ordre est le plus généralement employé; aussi nous bornerons-nous à sa désignation.

Le billet à ordre est la promesse de payer le prix d'un objet qui vous a été livré et qui a été accepté par vous, ou d'un service qui vous a été rendu après un temps fixé sur l'effet.

Exemple : J'achète 100 fr. de chaussures, et je conviens de payer à quatre-vingt-dix jours; on me livre les chaussures et la facture acquittée, et je remets un billet indiquant que dans quatre-vingt-dix jours je payerai 100 fr., soit au fournisseur ou à toute autre personne qui me représentera le billet.

Le fabricant m'a donc fait en réalité l'avance de 100 fr.

de marchandises. Si maintenant le fabricant, pressé par le besoin d'argent, veut réaliser en argent la valeur de ce billet, il ira chez un escompteur, c'est-à-dire un loueur d'argent, et lui demandera de lui en avancer le montant contre le billet, dont il répond par sa signature.

Toute la question du loueur d'argent est celle-ci : Le billet sera-t-il payé au bout de quatre-vingt-dix jours, ou, comme on dit, à son échéance? Pour cela, il y a deux choses dont il faut s'assurer :

1° Celui qui a fait ou souscrit le billet est-il solvable?

2° Celui qui l'a reçu ou qui le présente pour le négocier ou le vendre l'est-il?

Si à ces deux questions du loueur d'argent les renseignements sont favorables, il se décide à faire l'affaire, et dit à peu près ceci :

L'argent est bien rare, mais la question la plus grave est que celui qui a fait ce billet n'est pas connu, vous non plus; la Banque de France ne reçoit que les billets qui ont trois signatures connues; or, la mienne ne suffisant pas, il me faut en chercher deux autres; quant à moi, je veux bien me contenter de très-peu de chose, mais les autres font des conditions très-dures. C'est ainsi qu'on arrive à faire payer 2 fr. pour l'avance de ces 100 f., ou pour mieux dire à ne donner que 98 fr. du billet à trois mois, ce qui fait que pour la marchandise vendue en réalité, le fabricant n'aura reçu que 98 fr., desquels il faudra encore déduire le temps perdu par lui, car on n'arrive pas du premier coup.

Supposons maintenant que dix mille fabricants se réunissent et se fassent le raisonnement suivant :

Si nous nommions parmi nous une Commission chargée d'examiner la solvabilité de nos billets, et qu'à la place de chacun de ces billets déclarés bons par la Commission, chacun de nous reçoive un billet fait par nous tous, que tous nous nous engageons à rembourser en délivrant de la marchandise, nous aurions créé un espèce de billet de banque remplaçant l'argent que nous payons si cher, et tout le monde accepterait bientôt notre papier, car il serait garanti par nous tous, dix mille fabricants.

C'est ce que les gros escompteurs, c'est-à-dire les Banquiers, se sont dit le jour où ils ont fondé la Banque de France; seulement, au lieu de faire la chose pour tout le monde, ils l'ont faite pour eux seuls, et comme tous les effets de commerce sont obligés de passer entre leurs mains pour arriver à la grande boutique qui loue l'argent, ils se font payer ce genre de loyer, qu'on nomme l'intérêt, le prix qu'ils veulent, et ils ont acquis une influence telle, que leur billet général, qui est le Billet de Banque, a dû recevoir du Gouvernement cours forcé auprès de tous les citoyens. Ils ont été encore assez adroits pour, en se formant en société, faire déclarer par l'Etat qu'eux seuls auraient le droit de faire le louage en grand de l'argent, de sorte qu'ils sont de par la loi à l'abri de la concurrence. Eh bien ! ce que ces messieurs ont fait pour eux, le peuple est appelé à le faire aujourd'hui pour lui-même.

PRINCIPES CONSTITUTIFS DE LA BANQUE DU PEUPLE.

La Banque du Peuple est fondée sur des principes simples et clairs. Le premier de ces principes, c'est que *toute matière première est fournie gratuitement à l'homme par la nature.*

On entend par matière première, tout ce qui a été créé par Dieu, qui a tout donné. Si par le fait de circonstances qu'il est trop long d'énumérer ici, la terre semble être une propriété particulière à certains individus, l'impôt que prélève le Gouvernement sur le produit de la terre, est la preuve qu'il n'a pas abandonné d'une manière absolue son droit de propriétaire collectif. Cette vérité est encore bien plus palpable si nous examinons les mines et carrières, l'eau et les poissons qui y vivent. En effet, la mine ou la carrière appartiennent si peu au possesseur du terrain, qu'il ne peut l'exploiter sans la permission de l'Etat, qui, en sa qualité de véritable propriétaire, lève au profit de tous une prime sur son exploitation; il en est de même de l'eau et du droit de pêche.

La conséquence du principe que nous venons d'énoncer c'est que *tout profit vient du travail.*

En effet, la prime gouvernementale mise à part du débat, puisqu'elle est levée au profit de tous, que coûtent la pierre, le charbon de terre, le métal, l'eau ou le poisson, sinon le travail nécessaire à les extraire et à les transporter sur le lieu de consommation?

La deuxième conséquence c'est que *tout capital est improductif.* Vous pouvez en faire une expérience bien simple; prenez un sou et mettez-le pendant le temps que vous voudrez, soit en terre, soit dans une cachette quelconque, et il est certain que lorsque vous retournerez le chercher, vous n'y trouverez toujours que le sou; il n'aura pas fait de petits; mais on pourrait répondre: Ce sou que vous avez caché n'a couru aucun risque; s'il avait été engagé dans les affaires, il aurait concouru à la production, et comme il aurait couru des chances de pertes, il est juste qu'il touche un intérêt représentant le risque qu'il aura encouru. C'est vrai, nous sommes loin de contester ce fait, aussi définissons-nous la *gratuité du crédit* ainsi :

La *Banque du Peuple*, en faisant crédit ou l'avance de

son capital, ne prélèvera, sur ceux auxquels elle prêtera, que les frais de ces risques, plus les frais d'administration destinés à faire marcher l'établissement, c'est-à-dire que les personnes chargées de diriger la Banque, à n'importe quel titre, ne recevront que la rémunération du temps qu'elles y auront consacré, les bénéfices appartenant à tous, puisque tous sont appelés à apporter leur concours à l'œuvre.

La Banque de France, au contraire, qui escompte pour environ 1 milliard et demi par an de billets, sur lesquels elle a perdu en moyenne 50,000 fr. par année, et dont les frais d'administration sont de 600,000 fr., fait pour couvrir ce chiffre un bénéfice de 5,000,000 fr.

Dans la Banque du Peuple les risques iront toujours en diminuant, au fur et à mesure que les associations ouvrières se développeront davantage, car si un homme peut lever le pied en faisant faillite, une association ne le peut pas, et comme tous les sociétaires sont travailleurs, leur travail payera toujours au delà des avances qu'on leur aura faites. Quant aux frais d'administration, ils sont réduits dans la *Banque du Peuple* au strict nécessaire pour les personnes qui y consacrent leur temps, et ses frais, qui se répartissent sur la masse des affaires, iront toujours en diminuant en proportion de l'augmentation des opérations que l'on fera.

De sorte qu'on peut dire que le plus grand perfectionnement de la société générale correspond au chiffre le plus bas, auquel ou pourra se procurer le capital. C'est ainsi que nous comprenons la gratuité du crédit.

Maintenant au lieu de 8 p. 0/0 que le travailleur est obligé de payer le loyer du capital, il l'aura dès le commencement à 2 p. 0/0.

DE LA SOLVABILITÉ DE LA BANQUE.

Le remboursement des *Bons de circulation*, émis par la *Banque du Peuple*, n'est obligatoire par elle qu'en marchandises ou en services de ses adhérents; ainsi, par ses médecins on pourra se faire traiter en cas de maladie; chez ses horlogers on pourra se procurer des montres et des pendules; en un mot, la quantité de produits et services qu'on pourra exiger avec ses *Bons de circulation*, est égale à celle des produits et services que peuvent fournir ses adhérents. Dans le cas où les produits demandés n'existeraient pas chez ses adhérents, la *Banque du Peuple* pourra à son choix se procurer ses produits ou rembourser en argent ses bons de circulation, par exemple :

Supposons qu'on demande une de ces choses extraordinaires, telles que des chameaux; comme il n'existe de chameaux qu'au Jardin des Plantes, et qu'il ne les vend pas, la Banque du Peuple répondrait à l'individu: Vous demandez une chose qui ne se trouve pas à ma disposition ni à la disposition de personne en France ; je veux bien, pour satisfaire votre fantaisie, me faire votre commissionnaire; je vais donc expédier, si vous m'y autorisez, mais à vos risques et périls, un ordre de livraison en Afrique, et vous aurez à acquitter ma facture avec mes *Bons de circulation*; voilà tout ce que vous pouvez exiger de moi.

A l'inverse des Banquiers qui prêtent de préférence aux spéculateurs, parce que la spéculation, si elle présente des chances de pertes, en présente de gains, beaucoup plus que le travail honnête, la Banque du Peuple ne prête qu'aux travailleurs, repoussant tout contact avec les spéculateurs, qui ne sont que des fraudeurs et des accapareurs, que la loi flétrit en les punissant par l'article 419 du Code pénal. Mais, dira-t-on, si pour une marchandise quelconque on ne trouve pas un seul adhérent qui en tienne, comment fera-t-on pour se la procurer avec le bon de circulation ?

D'abord, dans l'acte de société de la Banque du Peuple, il est dit que dès qu'elle sera à même de le faire, elle provoquera l'ouverture de boutiques indépendantes d'elles, où se vendront les marchandises qu'on ne pourrait pas se procurer chez ses adhérents; mais dans les commencements de son organisation, comme lorsqu'on crée quelque chose de nouveau, il y a toujours au début des lacunes, elle s'est réservé le droit de rembourser ses bons en argent pour les cas où elle se verrait dans l'impossibilité de satisfaire aux demandes qui lui seraient faites.

On peut faire l'objection suivante, car il faut tout prévoir : mais si un particulier voulait se faire rembourser une masse de bons de circulation en produits dont il n'y aurait pas assez sur la place ?

La Banque répondrait que pour elle l'obligation de rembourser en marchandises est limitée par les quantités qui se trouvent sur la place au moment où on en fait la demande, et qu'en pareil cas, elle ne peut qu'offrir à l'individu de se faire son commissionnaire pour lui fournir à ses frais ladite marchandise.

POURQUOI LA BANQUE A UN CAPITAL.

Si tous les Français adhéraient dans l'espace d'une nuit aux conditions de la Banque, il ne serait pas nécessaire pour elle d'avoir un capital ; le capital ne lui devient indispensable que parce qu'elle est obligée de commencer avec un nombre restreint d'adhérents, lequel s'augmentera toujours de manière à réunir la population entière ;

alors le capital qui est destiné à garantir les bons de circulation vis-à-vis les non-adhérents et à fournir les fonds nécessaires à la fondation pour les adhérents des établissements qui pourraient manquer dans le début, sera remboursé aux actionnaires, et elle fonctionnera selon son vrai principe, qui est le crédit gratuit.

OPÉRATION DE LA BANQUE DU PEUPLE.

Le deuxième principe sur lequel est fondée la Banque du Peuple, c'est que *toute opération de crédit se résout en un échange.*

Tout le monde sait qu'il n'y a échange que lorsque les valeurs échangées sont égales. Nous allons passer en revue toutes les opérations de la Banque du Peuple, et prouver qu'elles ne sont que des formes diverses de l'échange.

PREMIÈRE OPÉRATION.

Escompte.

L'escompte est l'échange d'une représentation de valeurs de produits *par le billet à ordre*, contre la représentation d'une valeur égale en produits par *le bon de circulation*; c'est-à-dire l'échange d'un titre spécial contre un titre général. Un fabricant de bijoux a livré à un marchand en boutique des bagues et des chaînes pour 1,000 francs; le marchand a payé avec un billet à quatre-vingt-dix jours; le fabricant bijoutier vient trouver la Banque du Peuple, qui lui remet des bons de circulation pour le montant du billet, en prélevant 50 centimes par 100 francs, attendu que quatre fois quatre-vingt-dix jours font un an, et que la Banque du Peuple prête à 2 p. 0/0 par an; donc sur 1,000 francs il n'y aura que 5 francs de réduction, qui re-

présentent, comme nous l'avons dit, les risques, plus les frais d'administration; le fabricant recevra donc 995 francs au lieu de 980 francs qu'il aurait reçus de l'escompteur ordinaire. Si maintenant il n'y avait pas de marchand d'or qui adhère à la Banque, de deux choses l'une, ou elle faciliterait l'établissement d'un nouveau marchand d'or qui recevrait les Bons de circulation, ou elle remettra contre ses propres bons de l'argent tiré de sa caisse.

DEUXIÈME OPÉRATION.

Consignation.

La consignation est l'échange provisoire d'un produit contre le bon de circulation. Ainsi un fabricant ne veut pas avoir de chômage à supporter dans son travail, et son produit n'est pas sujet aux variations rapides de la fantaisie; supposons que ce soient des sabots qu'il fasse; pour cette fabrication le chômage est à peu près de six mois par an; eh bien! il fabrique toujours, et à mesure que ses produits sont achevés, il les dépose dans les magasins que lui indique la Banque, et elle lui avance des bons de circulation au moyen desquels il pourra se procurer du bois pour faire ses sabots et une partie de sa main-d'œuvre; de sorte qu'au moment de la vente il n'aura qu'à rembourser à la Banque les sommes avancées par elle, plus les frais d'emmagasinage. L'échange n'est donc que provisoire, puisque la marchandise reste pendant un temps convenu à la disposition de l'adhérent qui en a fait le dépôt.

Dans le cas où l'adhérent ne pourrait pas retirer ses sabots, la Banque du Peuple, au bout du temps fixé, se réserve de faire vendre la marchandise en vente publique, et remettra à l'adhérent la différence entre le prix de vente, diminué des frais, et les sommes avancées par elle.

TROISIÈME OPÉRATION.

Crédits à découvert sur caution.

Le crédit à découvert sur caution est l'échange d'une promesse de travail, cautionnée par des tiers, contre le bon de circulation.

Nous disons travail, parce que, comme nous l'avons démontré, tout produit n'est, en définitif, que du travail.

Un maraîcher a besoin de châssis vitrés pour faire des primeurs, et, faute de pouvoir se procurer le matériel dont il a besoin, il voit ses concurrents fournir des produits qu'il ne peut pas produire lui-même; il se présente à la Banque, avec deux ou plusieurs autres citoyens qui le connaissent assez pour s'engager avec lui. Si les cautions présentent à la Banque du Peuple les garanties nécessaires, elle lui avance des bons de circulation, avec lesquels il pourra se procurer des châssis chez les adhérents de la Banque du Peuple, qui en fabriquent; et il s'engage à la rembourser par annuités, selon les conditions faites dans un traité qu'il passera avec la Banque du Peuple. Dans le cas où il ne pourrait pas payer les annuités, les cautions sont solidaires, c'est-à-dire qu'elles devront payer pour lui.

QUATRIÈME OPÉRATION.

Avances sur annuités et hypothèques.

L'avance sur annuités et hypothèques est l'échange de la délégation de biens meubles ou immeubles contre une ouverture de crédit en bons de circulation; par exemple : un propriétaire veut faire des agrandissements à sa maison;

Il va trouver la Banque du Peuple et lui remet une délégation de son titre de propriété; la Banque prend hypothèque dessus, avec les formalités ordinaires, et lui avance, jusqu'à concurrence du crédit qu'elle lui a ouvert, une certaine quantité de bons de circulation; le propriétaire fait les constructions qu'il a projetées, et rembourse la Banque du Peuple par annuités, au moyen des loyers qu'il tire de l'augmentation de valeur de sa maison. En cas de non payement, au bout de deux annuités non payées, la Banque fait exproprier le propriétaire. Toutefois il est de principe pour la Banque du Peuple que l'exproprié ait la préférence à tous autres, pour lui et les siens, du droit d'habitation et d'exploitation, à titre de gérant ou fermier, aux conditions établies par la Banque du Peuple.

CINQUIÈME OPÉRATION.

Des payements et recouvrements.

Les payements et recouvrements sont les échanges d'un service fourni par la Banque du Peuple contre le bon de circulation fourni par l'adhérent. La Banque du Peuple se fait garçon de caisse des adhérents, c'est-à-dire que si les adhérents le désirent, la Banque du Peuple reçoit à leur place leurs billets, quittances de loyer et factures, etc., soit à Paris, soit dans les départements ou à l'étranger, partout en un mot où elle a ses correspondants. On comprend qu'elle pourra faire ce service pour ses adhérents à beaucoup meilleur marché qu'ils ne le feraient eux-mêmes, à cause de la masse d'opérations qu'elle aura à faire dans les mêmes lieux.

SIXIÈME OPÉRATION.

De la commande ou avance de fonds.

La commande ou avance de fonds est l'échange d'une promesse de travail, cautionnée par la sécurité de succès que présente l'entreprise, contre des bons de circulation.

L'association des cuisiniers désire ouvrir des cuisines dans tous les arrondissements de Paris; mais elle ne le peut pas, parce que d'abord il faut payer six mois d'avance pour le terme; 2° il faut des fourneaux, des tables, une batterie de cuisine, des assiettes, couteaux, fourchettes, nappes, etc., et tout cela coûte cher; eh bien! elle vient trouver la Banque du Peuple, qui sait que les cuisiniers associés sont des hommes laborieux, et que, faisant de bonne cuisine, ils ne manqueront pas de pratiques. La Banque du Peuple leur avance des bons de circulation; les cuisiniers vont trouver les propriétaires adhérents, la Banque du Peuple en a déjà un certain nombre, quoiqu'elle ne fasse que commencer son appel de fonds, et ils louent des boutiques si les emplacements sont convenables; ils vont chez des adhérents qui vendent des tables, des tabourets, des fourneaux. Comme ils sont associés, ils préféreront s'adresser à des associations, et ils le pourront pour presque tout leur matériel. Ce qu'ils ne pourront point avoir ainsi, ils l'auront chez des adhérents non associés; et, par ces rapports constants, la division qui existe entre les travailleurs associés et ceux qui ne le sont pas disparaîtra; on conservera bien son opinion, mais on ne sera plus ennemis comme aujourd'hui. Si, dans le commencement, ils ne trouvent pas la viande et les légumes contre des bons de circulation, l'avance que la Banque du Peuple leur fera en numéraire sera limitée aux consommations d'un ou deux jours. Du reste, les substances alimentaires sont celles que la Banque s'efforcera le plus tôt possible de mettre à la disposition de ses adhérents contre des bons de circulation.

SEPTIÈME OPÉRATION.

Organisation des caisses d'épargnes, de secours et de retraite, consignations et dépôts.

L'organisation des caisses d'épargnes, de secours et de retraites, consignation et dépôt, est l'échange d'une garantie de sécurité pour le capital versé, contre la faculté laissée à Banque de faire servir les sommes déposées chez elles, de gage à ses émissions et ses escomptes.

On avait autrefois la simplicité, pour ne pas dire la bêtise, de croire que la caisse d'épargne, qui ne devait pas spéculer avec les fonds qu'on lui déposait, pourrait payer des intérêts; pauvres niais que nous étions! c'est toujours l'histoire de la pièce de 5 francs enterrée, avec cette différence, que les royalistes ont trouvé fort ridicule de la laisser ainsi dormir, et si on nous payait l'intérêt, on faisait disparaître notre capital; il est vrai que la République, pour réparer autant que possible le dommage fait au peuple par la monarchie, a fait des titres de rentes aux déposants de la caisse d'épargne; mais malheureusement pour les déposants, ces titres, à moins que le système financier ne change, ne vaudront plus rien dans peu de temps, car l'État étant dans la position d'un négociant qui dépense plus qu'il ne gagne, doit infailliblement faire faillite, comme l'a très-bien dit le citoyen Dupont de Bussac à l'Assemblée nationale; car, ce que l'État ne peut pas, comment les banquiers le pourraient-ils? c'est pourquoi ceux qui ne font pas de spéculations, c'est-à-dire qui ne hasardent pas les fonds qu'on leur dépose, demandent de l'argent pour en être gardiens responsables; la Banque du Peuple ne demande rien, car elle fait avec ceux qui lui déposent de l'argent l'échange de son service de gardien contre la garantie de solvabilité que lui donne vis-à-vis de tous les dépôts qui lui sont faits.

Nous passons sous silence le service du budget, attendu que la Banque ne peut pas maintenant prétendre à ce genre d'opération, qui ne pourra commencer que lorsque la République sociale sera arrivée.

La deuxième conséquence du principe que nous venons de développer, que *toute opération de crédit se résout en un échange*, c'est que *la prestation des capitaux et l'escompte des valeurs ne peuvent et ne doivent donner lieu à aucun intérêt*.

On ne peut échanger que des valeurs égales ; c'est ainsi que si je change un chapeau contre un pantalon, c'est que je considère le pantalon comme valant autant que le chapeau. Si maintenant je donne mon chapeau un mois plus tôt à mon voisin que lui ne me donne son pantalon, est-ce que je lui demanderai l'intérêt de la valeur de mon chapeau pendant un mois en sus de son pantalon ? Évidemment non.

Car c'est un échange que nous avons fait ensemble ; les valeurs sont considérées par nous comme étant égales, et il y aurait fraude de ma part si je demandais plus.

Après avoir développé les principes sur lesquels repose la Banque du Peuple, nous allons parler des avantages qu'elle présente aux diverses conditions de citoyens.

AVANTAGES RÉSULTANT DE L'ADHÉSION A LA BANQUE DU PEUPLE.

1° *Associations ouvrières.*

La Banque du Peuple servira de lien naturel aux diverses

associations ouvrières, c'est par son intermédiaire seul qu'elles peuvent arriver :

1° A échanger entre elles leurs produits ;

2° A se former en dehors une clientèle par annonces gratuitement faites par la Banque du Peuple ;

3° A éviter les chômages par les avances qu'elle leur fera, et en profitant des avantages de la consignation.

La Banque du Peuple commencera à soutenir les associations formées pour la confection et la fourniture des choses de première nécessité, et même elle provoquera leur formation partout où besoin sera ; c'est ainsi que dès le début elle se mettra en rapport avec toutes les associations existantes, et commencera ses avances de fonds dès qu'elle le pourra, par les Cuisiniers, Tailleurs, Chapeliers, Bottiers, Blanchisseuses, Lingères, etc.

2° *Fabricants et négociants.*

La Banque du Peuple fera l'escompte du papier de commerce des fabricants et négociants sur deux signatures seulement, au lieu de trois, comme la Banque de France, et à raison de 2 p. 0/0 par an, commission comprise.

Elle recevra leurs produits en consignation, et leur fera des avances comme nous l'avons déjà dit plus haut.

Elle facilitera le développement de leur clientèle par ses annonces gratuites.

Elle fera ouvrir des bazars d'échantillons pour leurs produits, afin de leur en faciliter l'écoulement en gros.

Il est du reste bien entendu que les mêmes avantages énoncés ici seront offerts aux associations ouvrières.

Enfin elle leur fera des avances sur caution, comme cela a été expliqué plus haut.

CONSOMMATEURS EN GÉNÉRAL.

Attendu que, comme nous le verrons plus tard à l'article *Adhésion*, l'adhérent s'oblige à rendre meilleur marché contre bons de circulation que contre espèces, on aura réellement en prenant à la Banque des bons de circulation contre des écus, une somme plus considérable de produits avec les bons, qu'on n'en aurait obtenu avec de l'argent. On peut se rendre compte de cette différence par l'escompte que les marchands se font entre eux. Ainsi si un marchand va chez un autre marchand acheter, il payera meilleur marché que le simple particulier. Les porteurs de bons de circulation et les adhérents seront entre eux dans les mêmes conditions que les marchands vis-à-vis d'autres marchands.

En outre, le consommateur aura la garantie de qualité demandée par la surveillance qu'exercera la Banque du Peuple sur les produits de ses adhérents.

DÉTAILLANTS.

Les détaillants, en outre de l'avantage qu'ils trouveront pour l'escompte de leur papier de commerce, trouveront une clientèle toute faite dans les adhérents, par leur engagement de recevoir le bon de circulation.

OUVRIERS.

Les ouvriers jouiront des avantages énoncés plus haut ; mais là ne se bornera pas pour eux le bienfait de la Banque du Peuple.

Elle les délivrera d'une manière d'autant plus prompte qu'elle aura plus d'adhérents et d'actionnaires, de leur position de salariés, par le développement qu'elle imprimera au principe de l'association.

C'est ainsi que si les ouvriers viennent lui apporter la partie de leur salaire qu'ils affectent aux objets de première nécessité, pour lesquels la Banque provoquera l'organisation de services spéciaux dans le cas où elle ne rencontrerait pas dès le début, parmi ses adhérents, de quoi suffire à la demande qui pourra être faite ; ils mettront, par la prise des bons de circulation qu'ils feront, la Banque du Peuple à même d'avancer dans un temps très-court aux associations qui se formeraient pour l'exploitation des grandes industries, de quoi se constituer et fonctionner.

DES ACTIONS.

Les actions sont destinées à former le fonds commun de la Banque ; c'est le Peuple se constituant lui-même sa caisse, qui n'est autre chose que le levier pacifique de son émancipation. On nous a objecté que les capitaux n'arriveraient pas à la Banque du Peuple, parce qu'elle ne donnait pas d'intérêt aux actions. Nous avons, je pense, suffisamment démontré que le capital ne devait pas rapporter intérêt, et en fait il serait absurde de supposer que le Peuple demande à se payer lui-même un intérêt pour ses propres fonds ; car, comme on le verra en lisant l'acte de société, c'est lui qui est appelé à administrer lui-même sa Banque, dès qu'elle pourra être constituée en société anonyme. Le vrai, le seul légitime intérêt, c'est pour les prolétaires de sortir de l'état d'infériorité où la misère les laisse ; pour les bourgeois, d'éviter les réformes violentes de la société. Ainsi, il demeure bien entendu que les actions ne donnent droit à aucun intérêt ; seulement, lorsque la Banque, par le grand nombre de ses adhérents, pourra rembourser ses actionnaires, chacun reprendra les fonds qu'il y aura déposés. Ce sont donc en réalité des fonds prêtés sans intérêt pour un temps qui ne sera déterminé que par l'augmentation du nombre des adhérents.

DES BONS DE CIRCULATION.

Les bons de circulation sont des ordres de livraison de marchandises, produits ou services de l'industrie des adhérents. Il y en aura de différentes valeurs, selon les besoins que la pratique indiquera. L'acte de société a fait toutes les réserves nécessaires à cet égard.

Le bon de circulation, au lieu d'avoir comme le billet de la Banque de France un cours forcé, n'a qu'un cours volontaire, attendu qu'il est loisible à l'adhérent de retirer son adhésion en en prévenant la Banque quinze jours à l'avance. C'est ce qui fait sa grande valeur, parce qu'elle est basée sur la confiance du Peuple en lui-même et non sur la force.

Devoirs de l'Adhérent.

Art. 1er. Le citoyen   s'oblige à remettre à l'administration de la Banque du Peuple la nomenclature des produits et services de son industrie, et le tarif de ses prix avec la réduction qu'il peut offrir, conformément à l'article 21. Il s'oblige en outre de tenir dans ses magasins un prix-courant de ses marchandises à la disposition des consommateurs, comme aussi d'afficher dans un endroit visible la plaque d'adhérent à la Banque du Peuple, qui sera fournie par l'administration, aux frais de l'adhérent.

Lorsque le citoyen   opérera des changements notables dans la nature de sa production, il en préviendra l'administration. Quant aux prix, il les garantit jusqu'à révocation, c'est-à-dire que jusqu'à la remise d'un nouveau tarif à la Banque, il est engagé à livrer les produits et services de son industrie au taux du dernier tarif fourni par lui.

Art. 2. Le citoyen   sera toujours libre de résilier le présent traité en prévenant la Banque quinze jours d'avance. Mais tant que la résiliation n'aura pas eu lieu, il est engagé formellement, aux termes des articles 22 et 26 des statuts, à accepter les *bons de circulation*, soit contre les produits ou services de son industrie, soit en extinction de toute créance.

En cas d'infraction à cette obligation, le citoyen   sera passible de tous dommages et intérêts envers la société, conformément à l'article 1142 du Code civil ; et, de plus, si bon semble à la Banque, le traité deviendra nul de plein droit à son égard. Cette annulation sera faite au moyen d'une radiation publiée par le journal que la Banque adoptera pour ses avis, et sans qu'il y ait lieu à d'autres formalités.

Art. 3. De son côté, la Banque du Peuple s'engage formellement à porter le nom du citoyen   , avec indication de son industrie, sur les registres tenus *ad hoc* à l'administration, et qui serviront d'indicateur aux adhérents pour l'exécution de l'article 21.

OBJECTIONS DIVERSES.

On nous a déjà fait les objections suivantes :

1° Comment pourra-t-on faire avec des bons de circulation des achats très-minimes, à moins d'avoir des bons de valeur très-minimes?

D'abord, nous répondons que le papier de la Banque du Peuple n'est pas destiné à supprimer la menue monnaie, mais bien la grosse, qui seule, par son accaparement, gêne le commerce.

Ensuite, la Banque du Peuple s'étant réservé le droit de rembourser en argent les bons de circulation, il est de son intérêt de faciliter la circulation de ses bons chez ses adhérents, en leur fournissant la monnaie nécessaire à leur commerce, contre la trop grande quantité de bons qu'un d'entre eux pourrait recevoir.

Enfin, l'achat minime est en proportion de la misère; les riches achètent par fortes quantités : c'est ce qui arrivera au Peuple, quand, par le rétablissement de la circulation, il sera parvenu à faire augmenter son bien-être.

2° Comment fera-t-on pour faire des bons de faible valeur? car les billets de la Banque de France ne descendent pas au dessous de 100 francs.

Nous répondrons à ceci par des faits :

1° La Compagnie générale de Belgique émet des bons de 5 fr., qui même ont cours forcé;

2° La Prusse et l'Autriche en émettent de 3 fr. 60 c.

Les États-Unis en ont émis de 20 c. ; enfin nos cachets de postes, qui sont de véritables bons de circulation, sont de 20 c.

3° Comment empêchera-t-on la contrefaçon?

D'abord, plus le bon est de faible valeur, moins il y a intérêt à le contrefaire, attendu que la peine est égale et le bénéfice moindre. La loi qui garantit la Banque de France garantit également celle du Peuple; car le faussaire est puni dans les deux cas de la même peine. La Banque du Peuple aura également tous les procédés de la Banque de France au point de vue industriel. De plus, un savant chimiste lui a déjà proposé un moyen nouveau et infaillible de prévenir la contrefaçon.

13

9 782011 942227